I0789845

Despierta y Lucha

José Aliaga

José Aliaga

Puedes ayudar a crear un mundo mejor para el futuro. No importa en qué comunidad estés, siempre hay mucho por realizar y contribuir para hacer de este planeta un mejor lugar donde vivir.

Despierta y Lucha

Mi Gran Lucha

Copyright@2018 Jose Aliaga

Cover Design by Jose Aliaga

Dedicado a mí querida y recordada mamá, Julia Esperanza Ramírez Ruiz de Aliaga

(1945-2015)

Contenido

Introducción

Para alcanzar grandes logros necesitamos ideas fuera del sistema o de lo que suponemos que es normal, ideas que fueron aplicadas en otros lugares del planeta con resultados positivos. Lamentablemente, en muchas partes de América Latina tienen los mismos o similares problemas, donde sus líderes son de distintos nombres, pero con similares resultados negativos. Tristemente, ya estamos en el año 2019 y nada ha cambiado, seguimos teniendo desempleo, bajos niveles de educación, deficiente servicios médicos, ríos contaminados, falta de seguridad ciudadana, y nuestros líderes continúan siendo los mismos. Estas personas cada vez que hay elecciones dicen ser el cambio, cuando tienen más de 40 años en el poder, en diferentes cargos públicos. Usualmente, las decisiones que toman favorecen al sistema (grupos de interés).

Además, estos grupos de 10 a 20 familias son los que controlan los destinos de cada país y no el interés del pueblo que siempre se perjudica con las consecuencias.

En lo personal, considero que una persona pragmática enfrentará estos hechos con objetividad y en función de la ciudadanía, sin límites, condiciones ni ventajismos.

Actualmente, esto es desafiado por líderes antisistema o anti-establecimiento, que luchan por favorecer al pueblo contra del sistema que solo promueve intereses personales. Cuando observo de cerca las campañas políticas y de pronto aparece un candidato nuevo y dice "soy el cambio", será solo del nombre, porque los mismos grupos de interés del sistema de cada país financian las campañas políticas y ponen las reglas de juego.

Lo último visto de la gran corrupción en el Perú es lo del

Caso Odebrecht, es una investigación del Departamento de Justicia de los Estados Unidos, publicada el 21 de diciembre de 2016, sobre la constructora brasilera Odebrecht, que implica a muchos mandatarios, incluido políticos que recibían dinero de esta compañía para sus campañas políticas a cambio de contratos inflados. Estos casos se dan en muchos países del mundo.

La función de un gobierno es dar las garantías y herramientas para crear condiciones favorables para el bienestar general, sea educación, salud, trabajo, seguridad, etc. El gobierno debe tomar decisiones que beneficien al pueblo y no los intereses personales, sin embargo, esto no se aplica en la realidad.

Cuando observo las redes sociales como Facebook, percibo comentarios tipo bromas que dicen *"cuando un político te dice, voy a acabar con la pobreza, se refiere a la suya"*, esto muchas veces deja de ser broma porque en la vida real es cierto.

Por lo general los políticos llegan al poder sin tener nada y luego inexplicablemente llevan vida de millonarios.

¿Quién me puede decir si existe algún expresidente, congresista o candidato a la presidencia que vive en un lugar de clase pobre? Y que luego de su labor política continúe ahí.

Mi objetivo con esta publicación es que entiendas los cambios mundiales y la política en el Perú. Cómo Latinoamérica sufre de los mismos gobernantes que buscan sólo sus beneficios personales y no los del pueblo, ellos se hacen llamar libertadores, cambio, honradez y salvadores pero son el problema de siempre.

Candidatos en el Perú:

¿Uno de los grandes problemas en Latinoamérica son los políticos, pero quiénes son? Usualmente vienen con discursos muy floridos y financiados por los mismos grupos de interés, incluidos los medios de comunicación y esto es así en todas partes del mundo, ya sea en Estados Unidos, o cualquier otro país. Por ejemplo: Alan García, dejó al Perú del 85 al 90 en la peor crisis económica del país, con una hiper inflación, todos en los 90 decían que su partido político y él, nunca más serian elegidos, bueno se equivocaron, el 2001 Alan, después de mucho tiempo regresó y lanzó una campaña dura a la presidencia y quedó segundo, el 2006 volvió a postular a la presidencia y esta vez ganó, con la ayuda del voto de la juventud, pues no se acordaban de lo que vivieron desde niños, ya que en el Perú, puedes votar con solo 18 años.

Su presidencia no fue la mejor para muchos, sin embargo, deja un precedente a las próximas generaciones, "si tienes una pésima gestión con grandes escándalos de corrupción, mucho dinero desaparecido, escasez de alimentos y combustibles, terrorismo etc..., siempre tendrás una segunda oportunidad en la política del Perú". Alan García, antes de ser presidente fue diputado (lo que se llamaba la cámara baja, cuando era el parlamento bicameral, Cámara de Diputados y Senadores). Alan García, nunca administró nada, nunca hizo algo fuera de lo común o un logro internacional, solo con una buena oratoria nos convenció para elegirlo y nosotros pagamos las consecuencias. El Perú, como territorio es uno de los países más ricos del mundo, se merece tener un presidente con visión, experiencia y logros importantes. Después, llegó, Ollanta Humala, ¿cómo se hizo conocido o cuál fue su principal logro?, tener a su hermano Antauro Humala que tomó una comisaria y mató a muchos policías (con el cuento de lucha contra la corrupción) muchas familias perdieron a un padre, un esposo, un hijo, un amigo. A Humala no le importó que fueran policías, pero la familia Humala con este gran logro NEGATIVO se hizo famoso, años después, su hermano Ollanta Humala fue presidente del PERÚ, aparentemente con dinero del expresidente Venezolano Hugo Chávez, otro que mató de hambre a su pueblo este dinero es de los impuestos del pueblo venezolano ya que no creo que salió de su bolsillo. Esto deja otro precedente malo: si quieres ser presidente solo

manda a tu hermano a matar policías y así te
haces conocido y puedes ser presidente del Perú. Ahora, el mensaje de Ollanta Humala fue que pondría orden y combatiría la inseguridad y la corrupción, igual que los anteriores gobernantes, sin embargo, fue quizás peor ya que se encuentra investigado por el caso de la constructora brasileña Odebrecht por firmar contratos ilícitos. O sea que esta empresa brasileña Odebrecht pagaba sobornos con dinero ya ganado en anteriores proyectos probablemente con dinero de los contribuyentes de otras naciones que sus gobernantes entregaron a cambio de una aparente coima.

Bueno, si Humala cree que ESTO es acabar con la corrupción, ¿qué sería ayudar a la corrupción? El partido de Ollanta Humala era "Gana Perú". Se imaginan, ¿cómo hubiera sido, si hubiera sido "Pierde Perú"?

En el Perú, como en gran parte de los países de Latinoamérica vivimos con el mismo problema que es un fenómeno o sistema, que por ejemplo en Estados Unidos de Norte América le llaman el Establecimiento o Grupos de interés, y realmente es un Sistema que cuando se ve amenazado lo destruyen y cuidan sus intereses rápidamente. Son entre 10 a 20 familias de mucho poder económico y cuentan con la ayuda de los medios de comunicación, pueden manipular a los ciudadanos contra los buenos líderes de corazón que realmente son el cambio para una nación.

En consecuencia, luego de vivir ahí por muchos años, he aprendido que cuando la mayoría de medios de comunicación hablan mal de un candidato y tratan de vender la imagen de otro candidato escogido por los medios de comunicación, es un mal indicador para mí y la primera pregunta es: ¿por qué?, qué o quién paga a los periodistas para destruir a otros candidatos, ¿quién está financiando las costosas propagandas televisivas?. En el Perú, como en muchos otros países, los candidatos deben tener el apoyo del sistema para poder ganar y es *el sistema* quien manda, pero actualmente ya no son solo los grupos nacionales, ahora, también son grupos extranjeros los que manipulan las elecciones en muchos países de Latinoamérica. Dos ejemplos claros son la corporación brasilera Odebrecht y el expresidente Hugo Chávez de Venezuela, que uno es una constructora privada y el otro es un gobierno extranjero que influye aparentemente en elecciones del Perú, pero, ¿por qué razón? Porque nuestro dinero que proviene de los impuestos que pagamos, de nuestra soberanía, etc. es básicamente entregado a estos nuevos grupos que se otorgan el derecho de dar

órdenes a nuestros presidentes y creemos que fueron elegidos por el voto popular del pueblo pero que en realidad fueron nombrados por grupos extranjeros.

Chávez parece que influyó en las elecciones de cualquier candidato de izquierda a la presidencia que consideraba que podía controlar, tal es el caso de las elecciones de Bolivia, Argentina, etc. A la empresa brasileña Odebrecht no le importaba si era de la derecha, de la izquierda, comunista, nacionalista, etc. Ya que su interés era obtener contratos de construcción y generalmente apostaba por todos los favoritos a ganar las elecciones, así de simple como suena. Claro que los candidatos políticos utilizan el populismo "lo que la gente quiere escuchar" y muchos políticos dicen respetar la democracia, pero vemos que eso no pasa en Bolivia, ni en Venezuela, etc. Sin embargo, manifiestan promesas basadas en realidades de cada país y aseguran que son el cambio, pero no lo son. Esto no solamente se da con presidentes sino también los alcaldes, y otros cargos o posiciones con acceso a la corrupción.

Por ejemplo: En el Perú no hay reelección de alcaldes, pero antes de finalizar su periodo, cambian su dirección o domicilio y postulan en otro distrito como Gobierno Regional con el cuento que tienen experiencia pero dejan su administración con muchas deudas así como proyectos y promesas sin cumplir, entonces se convierten en Golondrinos. Hay autoridades que hacen un buen trabajo pero son pocos y lamentablemente, para ellos ya no hay oportunidad debido a que el sistema no permite su reelección en el cargo.

La corriente de los políticos en Latinoamérica que dicen tener buenos proyectos o prometen cosas para salir electos, utilizan el llamado populismo para ganar las elecciones, e incluso contratan jefes de campaña "A-1", de nivel internacional, que basado en sus estudios de estadística les dicen qué decir y qué no decir, qué discurso usar en tal región y qué no usar o decir, qué foto usar, cómo vestirse etc. pero no les enseñan a gobernar, sin embargo los grupos de interés que solventan las campañas se encargan de gobernar o influir en el gobierno de turno para beneficiarse. Esto es "normal" en muchas partes del mundo. Un ejemplo es la empresa de Brasil, Odebrecht. Otro ejemplo es el dominio comercial del cielo peruano. Recuerdo que en el año 1990 Perú tenía dos líneas aéreas: Aero Perú y Faucett. Actualmente muchas de las grandes son líneas extranjeras o sea que los propietarios o el capital es extranjero (esto no es malo si brindaran un buen servicio), pero cómo pudo pasar esto, perder el control comercial de nuestros cielos. La línea aérea más grande que funciona en Perú actualmente es LAN, de nuestro hermano país vecino Chile, que cumple con dar un buen servicio. Si nuestros hermanos peruanos de 1879 a 1881, que fallecieron ya, y sufrieron en la Guerra con Chile, el antes y después, si ellos observaran esta realidad en el 2019, no puedo imaginar cuál sería su reacción. No los critico solo hago hincapié que sus líderes son más capaces que los nuestros para negociar. No creo que a los chilenos les va a gustar que una línea extranjera vaya a Chile y tome los cielos comerciales chilenos. Los intereses/negocios realizados por empresas y capital extranjero privado dominan nuestro turismo. Machu

Picchu es una de las grandes maravillas del mundo, sin embargo las ganancias por el turismo se van al extranjero y es muy poco lo que se queda en el Perú, desde los servicios de transporte, hotelería, etc. Son más inteligentes negociando que nuestros líderes políticos.

Las agencias de turismo sacan su tajada de los ambulantes artesanos quienes les pagan para que los buses con turistas sean enviados a esos pueblos. Hay maravillas que como no tienen comercio artesanal, ni se les conoce.

Machu Picchu

La ciudad perdida de los Incas, una de las siete maravillas del mundo.

En el Perú, las concesiones mineras nos dan un 30% y ellos se llevan el 70%. ¿Creen ustedes que es un buen negocio entre el Estado Peruano y los extranjeros?, ¿crees tú que en USA, Trump u Obama le darían ese tipo de concesión a algún extranjero? ¿Venderían su país de ese modo?

Hasta les permiten incumplir los tratos de limpieza, desechos de contaminación, relave, mejoría socio económica del lugar. Si Trump llevara a cabo una negociación de la magnitud de las que se efectúan en el Perú, lo haría al revés, o no les daría nada y lograría que USA sea el beneficiado al 100%, sin sociedad con nadie, algo que en el Perú no se puede hacer debido a que tenemos líderes políticos egoístas en el gobierno a los que solo les importa el bolsillo personal y rematan en partes nuestro Perú. Por ejemplo CAMISEA. En Perú los gobernantes te dicen que no tenemos la tecnología o que es imposible. Esa no fue la mentalidad de John F. Kennedy, ex presidente de

USA, que en los 60 le dijo a su pueblo que pondría al primer hombre en la Luna, un tiempo después se hizo. Lamentablemente en el Perú nuestros líderes son mediocres, sin visión, del momento y todo lo ven robo. Desde que comienzan solo buscan su bienestar, y pagar "los favores" que "deben" a los que financiaron sus campañas. Muchos son mentirosos crónicos es decir "mitómanos" que llegan a cargos importantes con sus imparables mentiras. Si revisamos los candidatos en el resto de América Latina son los mismos y en algunos casos hasta peores. Lo importante es ver quiénes son, saber de ellos, su currículo vitae, logros nacionales e internacionales, de dónde vienen, estudio, experiencia, etc. Antes de votar hay que saber por quién votar.

El Perú es un país rico en todos los sentidos, y debemos dar la administración de nuestro Perú a un candidato honrado que tenga la experiencia y capacidad basada en una hoja de vida verdadera, con experiencia positiva, sin un pasado penoso, con visión para el país.

Problema del Agua:

Ningún político o candidato habla sobre este tema, pero es un problema muy serio para el mundo, en especial para el Perú, ¿por qué? Primero, porque gran parte de la costa peruana es un desierto que no tiene mucha agua. Segundo, porque el agua que tenemos en la sierra y la selva está contaminada o se está contaminando. Según los últimos estudios, solo Canadá y la parte norte de USA son los lugares con más agua en el mundo.

El ser humano, así como cualquier ser vivo, sin agua no puede vivir, es mucho más importante que cualquier combustible. Este problema se acerca más rápido que cualquier otro problema ya que la escasez mundial del agua ya viene trayendo conflictos en muchos lugares del mundo. La mayor parte del agua en el mundo es salada, es decir, es del mar. Según los documentales que observo el agua dulce es solo 1%. En otras estadísticas que visualizo (incluso en google), el mejor escenario, es 2.6% del mundo; o sea no llega ni a 5%. Del agua, el 97.5% es agua salada. Del agua dulce, el 69% es de glaciares y el 30% vienen de capas subterráneas.

Pero si hacemos un análisis profundo de toda esta información, son el Perú y el continente Africano los más afectados. Gran parte de la sierra y selva no tiene agua por falta de inversión en infraestructura. OJO, si se preguntan por el proyecto "Agua para todos", mejor no pregunten.

Pero, atención la mayoría de los países en el África son considerados países del tercer mundo. El Perú también es subdesarrollado, pero tanto el Perú y África son ricos en recursos naturales. La razón por la que son del tercer mundo y sub desarrollados es porque tienen gobiernos muy corruptos, que permiten a las grandes empresas mundiales explotarnos. Pienso que ambos necesitan un Proyecto de Desarrollo a futuro con el tema del agua.

La Fundación Aliaga

Lo que si les puedo decir es que siempre apoyo con la Fundación Aliaga (Aliaga Foundation) a los niños del Perú, y que también existen muchas organizaciones que colaboran con el Perú, entre ellas la Universidad

Michigan State University (MSU) que lleva médicos y estudiantes de medicina a ayudar a muchos niños en el Perú.

Los jóvenes médicos, en una entrevista en un programa de TV que conduzco en los Estados Unidos, "The Jose Aliaga Show", me informaron que en un análisis realizado descubrieron que el agua está contaminada de arsénico, y esto es gravísimo para el Perú. Según <u>World Health Organization,</u> "La exposición prolongada al arsénico a través del consumo de agua y alimentos contaminados puede causar cáncer y lesiones cutáneas". Quizás el Ministerio de Salud o del Ambiente no lo saben, o no desean saberlo, o no es prioridad para este gobierno. La verdad no lo sé, pero el hecho es que muchos en el Perú profundo no viven bien y su salud es preocupante. Este es el futuro del Perú entero con el tema del agua.

Si no somos precavidos se nos puede ir de las manos. Según Betty Otto, "Water Resources Analyst", para el 2040 tendremos un problema muy grande con la falta de agua, según su predicción. Chile, por ser también en su mayoría un desierto tendrá una terrible escasez, igual que Perú (espero no se produzca una Guerra por esto). Ambos son los países con menos agua para su pueblo. Actualmente el 8% de agua es uso personal, 22% es industrial y el 70% del uso es para la agricultura. En el uso personal se utiliza para lavar los platos, las manos, bañarse, el WC, etc. Por persona son varios litros.

Para el ganado se necesita alimentarlo con alfalfa y esto requiere 510 litros de agua por un kilo de alfalfa, para que después el ganado pueda alimentarse y nos dé el producto final, la carne.

Goldman Sachs predijo que el agua sería el petróleo del siglo 21.

Newsweek "The race to buy up the world water", la revista Forbes "How to profit from the next Big Scarce Resource". todas estas publicaciones citan la importancia del agua en el futuro y sobre su precio.

Actualmente la desalinización, es decir, sacar la sal del agua marina, se ha duplicado. Pero apenas llega al 1% del agua que usamos. Nuestros gobiernos de turno tienen que mejorar la infraestructura para que el agua llegue limpia y al alcance de todos, y que los desagües, deshechos químicos y basura no terminen en los muchos ríos y lagos de nuestra sierra y selva porque los contaminan.

Infraestructura

En el Perú, sobre todo en la capital, Lima, se alberga 9 millones 320 mil habitantes, al 2018, según el Instituto Nacional de Estadística e Informática (INEI). Sin embargo, cada vez que un alcalde distrital o provincial aprueba la construcción de una carretera es solo de una vía, de ida y vuelta. Cómo puede ser eso posible, que con el tránsito de Lima hayan pistas de un solo carril. No es suficiente. Por lo menos de 3 carriles de ida y 3 de vuelta, para que el tráfico sea fluido. En USA, por ejemplo, antes de crear y poner más pistas o aprobar alguna construcción se tiene que estudiar el tráfico, es decir, si vas a poner un edificio de 70 departamentos donde van habitar más de 140 personas que manejan 2 coches por departamento, entonces habrán 140 autos más que circularán por esa ruta, añadido a los autos que ya vienen circulando en esa calle o avenida. En consecuencia, hay que ampliar las pistas según lo que arroje el resultado del estudio. Los alcaldes ya no deberían permitir la construcción de edificios sin tener en cuenta este problema de las calles angostas así como el agua y desagüe que luego colapsará, como sucede en Magdalena, por ejemplo, donde en los últimos años hay problemas de agua, desagüe y estacionamiento.

Todo esto depende de un desarrollo ordenado, pero por lo que puedo observar no existe esto en Perú, y cada alcalde va a la deriva con sus pistas, de una sola línea de ida y una sola línea de vuelta. Cada obra nueva en el Perú no está preparada con visión para un futuro. Por ejemplo, el centro de Lima fue diseñado en la colonia por los Españoles, que en 1500 llegaron a construir una Lima metropolitana de lujo, a la que le decían la Ciudad de los Reyes, donde las casas eran alucinantes, con el mejor lujo de la época, con vías de comunicación rápidas para los carruajes y para la cantidad de población de aquella época. Después de la colonia se ubica el Congreso cerca del Palacio del Gobierno, porque era la idea más inteligente de la época, ya que el Presidente quería saber que leyes aprueban o no aprueban en el Congreso, para estar más informado, pensando que un asesor podría caminar del Congreso al Palacio de Gobierno para informar al presidente. Esto pasa en muchas capitales, como Washington DC, donde el Congreso queda cerca de la Casa Blanca. La diferencia en Lima es el tránsito y la población ha cambiado, hay más cantidad de habitantes en Lima que en el resto del país y nuestras autoridades nunca hicieron un estudio de tránsito antes de aprobar más tráfico de vehículos en la capital limeña. Por ejemplo, en Michigan, antes de aprobar un hospital o un negocio tengo que ver cuántas personas trabajarán o vivirán en dicho lugar, ¿cuántos autos, camiones, ambulancias, camiones pesados van a circular ahora?

Basándonos en eso aprobamos cuán grande o pequeña será la construcción. Si se aprueba, los expertos trabajan en estudios donde nos dan recomendaciones también para ampliar las salidas y entradas a las pistas. Sin hacer un estudio, les puedo decir que hacia el Congreso, con 130 congresistas, deben circular más de 130 autos, solo de ellos, más su seguridad, escoltas, más allá de los que trabajan como asesores, etc.

En mi opinión, ya estamos en el año 2019, donde ahora hay celulares, internet, etc. Ya no necesitamos el Congreso cerca de Palacio de Gobierno, si muchas de las oficinas están en el centro de Lima y pertenecen al Gobierno, tenemos que rescatar Lima, descentralizarla, al punto de buscar nuevos lugares y llevar también desarrollo al resto del país. Si sacamos el 70% de oficinas, ministerios y hasta el mismo Congreso del centro de Lima y los trasladamos al resto del país, veremos más libre el centro de Lima. También, estoy a favor que en algunos lugares se debe armar una nueva estructura, como los estacionamientos subterráneos. En Roma, Madrid, Barcelona, Londres los tienen y no tuvieron ningún problema en hacerlo, si me preguntan del centro histórico, creo que los ejemplos mencionados tienen mucha historia también e igual se hicieron. Ya inició el año 2019 y solo hay un aeropuerto internacional. ¿Por qué no podemos tener si quiera cinco aeropuertos internacionales? ¿Por qué no? ¿Qué paso con Chincheros en el Cuzco? O sea, que si no hay negocios oscuros no se puede hacer un aeropuerto, donde el gobierno aparentemente pondría el 70% de la inversión y el capital extranjero el 30%, pero, claro, con una concesión de 40 años para este grupo extranjero. Pregunta, ¿Quién sale beneficiado? ... ¿hasta cuándo?

Lo mismo pasa con los puertos en nuestra costa y en el interior del Perú. Nuestros gobernadores, en las Regiones, no son administradores con visión al futuro del Perú, si no gente del momento que son elegidos por tener un gran arte del discurso y porque en el Perú votan por el candidato popular que expresa a la gente lo que quiere escuchar. O son la gran mayoría de políticos, lo peor para negociar nuestros intereses con el extranjero o realmente no saben negociar con el mejor interés del futuro del pueblo peruano, yo creo que la respuesta, es la corrupción del sistema que se ha creado ahí en el Perú. Realmente en el Perú hay capital humano y mucha gente que quiere ser parte de la solución, recuperación del país y no parte de la corrupción y estupidez.

Debemos romper con el "establecimiento", que es un grupo de familias de un poder económico muy fuerte, que controlan al País.

¿NO hay dinero para el Presupuesto? ¿somos un país pobre?

El Perú, como el resto de América Latina, es muy rico. Citemos unos ejemplos, Venezuela y Bolivia deberían ser potencias del mundo, los problemas son sus líderes Nicolás Maduro de Venezuela y Evo Morales de la república Boliviana quienes no están preparados para el mundo actual y viven de ideas antiguas que pertenecen al pasado, al comunismo al que ellos llaman socialismo. Estos líderes creen que reelegirse siempre es democracia y que todos sus fracasos y resultados negativos son por culpa de USA y no de ellos (según ellos mismos dicen), si Bush es presidente es porque la culpa es de Bush que es de derecha. ¡Ah! pero si es Obama, que es socialista, igual es culpa de Obama, también porque es el presidente de USA, ahora la culpa es de Donald Trump, y sin ser mago sé que si estos siguen en el poder también le echarán la culpa de sus fracasos a los próximos presidentes de USA. Esto es falso, actualmente Trump está tratando de mantener la economía en USA y problemas domésticos incluidos, tratar de detener una guerra nuclear con Corea del Norte y mantener la paz con Rusia.

En el Perú como en el resto de Latinoamérica tenemos muchos recursos minerales estratégicos. Ejemplos: oro, plata, litio, uranio, cobre, etc. También, al mismo tiempo recursos marítimos, entre otros.

Si hay alguien que afecta directamente el comercio y la economía en América Latina, es China, que muchas veces se llevan nuestras materias primas por un precio bajo o deja casi nada de entradas y si trabajas en una mina los sueldos son bajos a comparación de los estándares mundiales de sueldos buenos para vivir. Lo que si los chinos nos venden sus productos como TV, DVD, etc. Pero no son de la mejor calidad. Como es posible que muchas de estas cosas no se puedan hacer y vender en el Perú. Los productos chinos, como la ropa y el calzado, vienen a precio muy bajo y mata a nuestras pequeñas empresas de Gamarra, debido a que nuestro gobierno firma tratados de libre comercio con China, cuando China siempre fabrica productos a precios muy baratos a causa de que su mano de obra es barata. Muchos países protegen su industria disponiendo impuestos a importaciones que compiten con productos del mercado doméstico. Es decir, el gobierno peruano debería firmar acuerdos que pongan un impuesto a cosas extranjeras que compitan con lo nuestro. De este modo, defendiendo a nuestro producto local. Si esto se hubiera hecho hace tiempo, Gamarra sería mucho más grande y gran parte de pequeños comerciantes serian ahora más grandes.

Cuando ingresan productos de China sin pagar impuestos, los productos de Gamarra tienen que competir contra productos de mala calidad de China pero que llegan más baratos y hace que la competencia con ellos sea en desventaja y crea que Gamarra venda menos, y pierda ganancias y empleos.

Tenemos gobernantes que son malos negociando nuestros intereses ya que realmente no nos benefician sus decisiones. Ahora mismo en el Perú se descubrió el litio (que es el petróleo del futuro), que puede dar al Perú muchas entradas económicas, pero sabiendo cómo son los lideres vigentes, lo más probable es que lo concesionen igual que el resto, porque es lo mejor, dirán, ya que no hay otra salida, repetirán. Usualmente se concesiona por 30% para el Perú y 70% para el extranjero, que llega y negocia con el Estado peruano...???

Las licitaciones públicas deben ser debidamente estudiadas antes de llevarse a cabo y dar la buena pro a cualquiera.

PREGUNTA: En USA, ¿Tú crees que Obama o Trump aceptarían dar las reservas de cualquier mineral estratégico de su país a un grupo de extranjeros, por 30%-70%? Sólo en el Perú venden nuestro futuro. Ojalá me equivoque. Y esto no es ser nacionalista, de izquierda, derecha o centro, esto es sentido común.

Con nuestros recursos naturales deberíamos tener los mejores hospitales de América Latina, la mejor educación, mejor economía, etc. El Perú, ya no debería ser tercermundista. Ahora mismo por lo menos el Perú debería ser la primera potencia de América Latina, ya que Chile no tiene nuestros recursos naturales, Bolivia los tiene pero no tiene salida al mar para sacar y vender sus productos. Brasil está pasando la peor crisis económica y política actualmente, y Venezuela increíblemente está mal económicamente, teniendo todo para salir adelante. Nicolas Maduro le hace un gran daño a muchas generaciones de venezolanos. El problema es que estos son caudillos, sin ninguna preparación para gobernar o administrar un país. Comúnmente, en su entorno existen lo que llaman franeleros, personas que apoyan en la campaña electoral, que nunca tuvieron la preparación o los estudios para dirigir o administrar un ministerio. Imagínense que cuando los españoles nos conquistaron para ellos éramos su fuente de ingreso que levantó su economía, pero para nosotros mismos se ha transformado en pérdidas.

Epilogo:

John F Kennedy dijo: No le preguntes a tu país qué es lo que tu país puede hacer por ti, pregúntate qué es lo que tú puedes hacer por tu país.

Nosotros ya no podemos esperar que un político nos salve, nosotros tenemos que ponernos la camiseta de nuestro país y trabajar duro por nuestra patria, un solo hombre o mujer pueden cambiar los destinos, no solo del Perú, sino del mundo.

Henry Ford fue hijo de un granjero y él con su determinación e innovación cambió al mundo, creando las plantas para producir carros en serie. Yo sé, en mi corazón, que los grandes inventos, ideas que cambiarán al mundo vendrán de Latinoamérica, yo apuesto por nuestro futuro, somos naciones ricas que tenemos todo para salir adelante.

En mis años de experiencia como Trustee administrando en el sector público, he aprendido que, en la política pública, tienes que tener un equipo honrado y capacitado, listo para administrar con resultados positivos de acuerdo a la visión del liderazgo. **Por ejemplo**: si se crea la expectativa de traer 1,000 puestos trabajos, al terminar mi mandato el resultado es 10,000 puestos de trabajo, eso es un ejemplo que los políticos deben hacer. Las buenas ideas para el desarrollo ya se aplicaron en muchas partes del mundo solo hay que traerlas y adaptarlas en nuestra realidad, y para eso se necesita lideres del presente al futuro y no líderes del pasado con ideas arcaicas.

Combatir la corrupción es un tema de campaña que siempre escucho y que todos los candidatos dicen que van a combatirla, pero es solo un palabreo barato sin plan de trabajo de cómo acabarlo, el populismo es aplicado por gente de izquierda y derecha, lo que tenemos que ver es quién es el que está detrás de estos candidatos que es el sistema que, hasta ahora, mal conduce los destinos de nuestro país.

Reseña Biográfica:

Jose Aliaga, peruano de nacimiento tiene dos títulos Asocciate Degree de Oakland Community College (Michigan,USA), Bachiller de Ciencias Políticas en la University of Michigan, y Maestría en Ciencias Sociales concentración en Historia de la University of Michigan. Fue elegido en el 2012 y reelegido el 2016 con la más alta votación en la Ciudad de Independence Twp. Michigan USA, donde ganó 12 de 13 zonas de votación, siendo el primer peruano reelegido en USA con una alta votación. El presidente de USA le pidió el 2016 dar unas palabras en uno de sus concurridos mítines. También, tiene un Congressional Record del Congreso de USA donde destaca su labor y trabajo por el Perú y USA en fortalecer lazos de amistad. Además, el 2009 fue reconocido por el Gobierno de Canadá por fortalecer los lazos de cooperación entre el gobierno peruano y canadiense, para la mejora del medio ambiente.

Cuando postuló al congreso de Michigan USA recibió un gran apoyo de muchos políticos estadounidenses de renombre que expresaron lo siguiente:

"José será nuestro protector cuando llegue a Lansing, creo que José entiende el papel y lo que tenemos que hacer para proteger nuestra calidad de vida aquí en el condado de Oakland, tiene la filosofía y el compromiso de hacer el trabajo"

L. Brooks Patterson

Alcalde Provincial del Condado de Oakland

-Conozco a José Aliaga, desde hace muchos años. Jose Aliaga tiene una pasión por servir a su comunidad. Confío en que continuará ayudando a las personas del distrito 43 como su próximo Representante Estatal. Respaldo de todo corazón a mi amigo José Aliaga para Representante Estatal.
 "Senador del Estado de Michigan. Jim Marleau"

"José Aliaga ha sido un fideicomisario muy trabajador y eficaz en el municipio de Independence Twp. durante 6 años; es activo en la comunidad y escucha atentamente a sus electores. Respaldo plenamente a José como Representante del Estado para el Distrito 43. El Cortará toda la burocracia y estancamiento y hará el trabajo"
 "Ciudad de Waterford Michigan USA, Clerk Sue Camilleri"

-"Me enorgullece ofrecer mi respaldo a José Aliaga para el Representante Estatal. José cree firmemente en conectarse con las personas de su distrito para comprender los desafíos que enfrentan. Ha demostrado su dedicación a nuestro país, estado y distrito al inmigrar logrando una educación universitaria de posgrado, y sirviendo a su comunidad como Fideicomisario durante 6 años".
"Ciudad de Waterford, Michigan, USA, Trustee, Karen Joliat "

"José Aliaga tiene una reputación de integridad y preocupación por los ciudadanos que ahora representa en el municipio de Independence. Creo que él traerá esas cualidades a Lansing y será un activo para todos los ciudadanos del 43° Distrito de la Cámara de Representantes del Estado de Michigan" US. **Congresista Dave Trott**

José recibió el respaldo del **Comité de Acción Política de la Asociación de Pequeños Negocios de   Michigan:**
"José Aliaga, está trabajando arduamente para crear un mejor clima empresarial en nuestro estado que apoye la prosperidad económica y el crecimiento del empleo", dice Rob Fowler, Presidente y CEO de SBAM. "Pedimos apoyo para José Aliaga el 7 de agosto".

 Rob Fowler, Presidente y CEO de SBAM

Small Business Association of Michigan

-José Aliaga recibió el respaldo de la Asociación de Organizaciones de Policía de Michigan, que consiste en 2/3 de los 19,000 oficiales de policía certificados del estado.
 MAPO- Asociación de Organizaciones de Policía de Michigan

Fin.